文景之治

○ 主编 金开诚

○ 编著 田凯鹏

吉林文史出版社

吉林出版集团有限责任公司

图书在版编目（CIP）数据

文景之治 / 田凯鹏编著. —长春 ：
吉林出版集团有限责任公司，2011.4 (2023.4重印)
ISBN 978-7-5463-5056-1

Ⅰ. ①文… Ⅱ. ①田… Ⅲ. ①文景之治 Ⅳ.
①K234.1

中国版本图书馆CIP数据核字(2011)第053506号

文景之治

WENJINGZHIZHI

主编/ 金开诚　编著/田凯鹏

项目负责/崔博华　责任编辑/崔博华　邱　荷

责任校对/邱　荷　装帧设计/李岩冰　于　嵩

出版发行/吉林出版集团有限责任公司　吉林文史出版社

地址/长春市福祉大路5788号　邮编/130000

印刷/天津市天玺印务有限公司

版次/2011年4月第1版　印次/2023年4月第5次印刷

开本/660mm×915mm　1/16

印张/9　字数/30千

书号/ISBN 978-7-5463-5056-1

定价/34.80元

前言

    文化是一种社会现象，是人类物质文明和精神文明有机融合的产物；同时又是一种历史现象，是社会的历史沉积。当今世界，随着经济全球化进程的加快，人们也越来越重视本民族的文化。我们只有加强对本民族文化的继承和创新，才能更好地弘扬民族精神，增强民族凝聚力。历史经验告诉我们，任何一个民族要想屹立于世界民族之林，必须具有自尊、自信、自强的民族意识。文化是维系一个民族生存和发展的强大动力。一个民族的存在依赖文化，文化的解体就是一个民族的消亡。

    随着我国综合国力的日益强大，广大民众对重塑民族自尊心和自豪感的愿望日益迫切。作为民族大家庭中的一员，将源远流长、博大精深的中国文化继承并传播给广大群众，特别是青年一代，是我们出版人义不容辞的责任。

    本套丛书是由吉林文史出版社和吉林出版集团有限责任公司组织国内知名专家学者编写的一套旨在传播中华五千年优秀传统文化，提高全民文化修养的大型知识读本。该书在深入挖掘和整理中华优秀传统文化成果的同时，结合社会发展，注入了时代精神。书中优美生动的文字、简明通俗的语言、图文并茂的形式，把中国文化中的物态文化、制度文化、行为文化、精神文化等知识要点全面展示给读者。点点滴滴的文化知识仿佛颗颗繁星，组成了灿烂辉煌的中国文化的天穹。

    希望本书能为弘扬中华五千年优秀传统文化、增强各民族团结、构建社会主义和谐社会尽一份绵薄之力，也坚信我们的中华民族一定能够早日实现伟大复兴！

目录

一、汉初岁月与黄老之学

刘邦建立了西汉王朝，可是连年的战争，使人民生活在水深火热之中，生产和生活无法正常进行，社会动荡不安。汉初上层领导集团为了扭转这种局面，稳固自己的统治，于是崇奉黄老之学，努力推行清净无为的政治方针。实行轻徭薄赋、与民休息、宽刑简政，从而避免苛烦扰民，使社会生活在自然的状况下得以安定。此政策的推行确实收到了理想的效果，使得社会安定、生产发展，财富逐渐增多。
但随着时间的推移，到文帝、景帝时，无
为而治引起不少新的社会问题。最明显
的就是诸侯王势力恶性膨胀，终于酿成
了吴楚七国之乱。同时对匈奴的和亲政
策，虽带来了缓和的局面但并不能阻止其
侵扰，所以后来才有了汉武帝出击匈奴。
而汉初的政策与秦的暴政和当时的社会
现实有关。

在中国的历史长河中，秦王朝是第一

个统一多民族封建制国家，可是由于其残暴的统治使得人们纷纷揭竿而起，最终在汹涌的起义浪潮中被推翻了。此后出现的以西楚霸王项羽为首的楚军和以汉王刘邦为首的汉军，展开了长达四年的争夺天下的战争。在战争初期，刘邦的军队无论是数量上还是战斗力上都明显处于下风，可是刘邦胸怀大志，做事不拘于小节，善于发现人才，并能够委以重任，在战争过程中逐渐扩大了自身实力。最后刘邦终于战胜了称雄一时的西楚霸王项羽, 天下又归于统一, 建立了西汉王朝。

刘邦建国后不久就于公元前195年在长乐宫驾崩, 享年62岁, 被尊为汉太祖高皇帝。刘邦死后, 太子刘盈继位, 是为汉惠帝。惠帝即位时仅17岁, 而且为人仁弱。刘邦曾因其不像自己, 几次想要废他, 改立宠姬戚夫人之子刘如意, 由于吕后和大臣们的力争, 才没有执行。刘盈即位后, 实际朝政大权都在太后吕雉手中。吕后有强烈的权力欲, 刘邦死后, 她同亲信

审食其合谋，秘不发丧，企图将刘邦手下
诸将全部杀掉。有人听到这个消息后告
诉了郦商，郦商去见审食其，说："我听
说皇帝已经死了，而且四天都没有发丧，
是因为吕后想要诛杀朝廷重臣。陈平、灌
婴等将领率十万人马守荥阳，樊哙、
周勃率二十万坚守燕代，听说皇帝
驾崩了，而且还要诛杀大臣，他
们肯定会联合起来，攻打汉中
的。"吕后觉得郦商的话有道
理，自己的实力尚不足以尽杀
诸将，这才中止计谋，为刘邦
发丧并大赦天下。吕后为独揽朝政，
彻底除掉有可能与刘盈争夺皇
位的隐患，首先动手将曾受
宠于刘邦的戚夫人砍掉手
脚，戳瞎她的双目，熏哑她
的嗓音，成为"人彘"，同
时又将其子赵王如意召入
京师，用毒药毒死。吕后把

她的家侄吕禄、吕产等封为王，吕氏及其亲信从此执掌了朝廷内外的军政大权。汉惠帝做了七年名义上的皇帝，于公元前188年忧郁而死。惠帝死后，吕后又先后立了两个小皇帝，没过多久就都被废掉了。从公元前187年到公元前180年，朝廷无皇帝，实际的皇帝就是吕后。

汉初最高统治阶层主要由三大集团构成：宗室刘氏集团、外戚吕氏集团、功臣集团。刘氏以天下唯己有，非刘氏不得王。刘邦死后，吕后连杀赵王、燕王，而以诸吕代之，又四分齐国以削弱其势，所以刘氏与吕氏之间的矛盾尖锐。刘邦死后，吕后曾想尽杀功臣，吕后临终又将中央行政和军政大权由功臣之手转到吕氏集团之中，所以吕氏集团与功臣集团也有矛盾冲突。公元前180年吕后一死，冲突随即爆发。吕禄、吕产怕为大臣所制，就先发制人，调集军队，想胁迫大臣，假托天子之诏以令天下。朱虚侯刘章之妻是吕禄之女，因而得知吕氏计谋，就秘密派人去见其兄齐王刘襄，让其发兵西进。朱虚侯刘章及其弟东牟侯刘兴居欲联合诸大臣，在长安为内应。吕禄、吕产听到齐王起兵的消息后，不敢离开皇宫亲往迎敌，只得派大将军灌婴率兵前往迎击。灌婴到达荥阳后就屯兵不进，派人与齐王和其他诸侯王联系，要联合起来共诛吕氏。在长安城内，太尉周勃、丞相陈平、朱虚侯刘章等经谋划，诱骗掌管北军的上将军吕禄交出兵权，而授以太尉周勃。周勃掌握了北军之后，派刘章率兵千人入未央宫，名义上说是保卫皇帝，实际上是让刘章伺机

杀相国吕产。刘章入宫后，当机立断，杀死
了吕产。随后又派人杀死吕禄和吕后的妹
妹，捕拿吕氏族人，不分男女老少全部杀
死。此后，周勃、陈平等大臣控制了长安
的局势。

诛灭吕氏集团后，朝中大臣秘密商议
政局，认为汉少帝不是惠帝之子，又是吕
氏所立，不如视诸王最贤者而立为皇帝。
有人提出立齐王刘襄为帝，但多数大臣
不同意。因为刘襄的母亲非常恶毒，吕氏
刚刚乱了天下，如果又立齐王为帝，其母

就会成为第二个吕氏。群臣认为代王刘恒
是理想的人选，因为刘恒的母亲薄氏老
实厚道，刘恒本人又以贤圣仁孝而闻名于
天下。而且此时刘邦的儿子活在世上的仅
有代王与淮南王，而代王又比淮南王年
龄大。只有立刘恒为帝，大臣们的权力和
地位才能不受到威胁，天下诸侯王也没
有反对的理由。于是派人迎代王刘恒入
长安未央宫，承继大统。他就是历史上有
名的汉文帝。

　　黄老之学形成于战国，其学说吸收道家创始人老子的无为思想，主张实行无为而治。黄是指黄帝之学，老是指老子的学说，这是先秦道家学派中的两个支派。反映老子思想的著作就是《老子五千言》。黄帝之学形成于战国时期，其中《十大经》《经法》《称》《道原》四篇为黄帝之学的代表著作。老子之学与黄帝之学的主要区别在于，老子仅讲道，黄帝不仅

讲道，也讲刑名法术。汉初把二者杂糅在一起，成为黄老之学。这个黄老之学的重要特点，就是要在肯定新建立的统治秩序和已形成的君臣上下关系的前提下，实行无为而治。与老子"无为"的目的在于实现"小国寡民"的社会状态不同，黄老之学的"无为"，是一种维护封建统一国家的政治思想。

汉初之所以选中黄老之学作为基本统治思想，表面上是对秦朝暴政的反思，而根本原因是当时的社会现实。汉初的天下，满目疮痍，一派凋敝惨景。长期战乱之后，土地荒芜，人口锐减，汉初的人口只有秦时的十之二三。面对这样一个残破的社会局面，任何人要想维持自己的

统治，都必须给社会一个休养生息的机会。因此，汉初统治者以清净无为的黄老思想为统治思想，不但是必须的，而且也是极易为整个社会所接受的。

汉初提倡黄老思想的主要人物是曹参。曹参是沛县人，在辅佐刘邦打天下的过程中，身经百战，屡立战功。刘邦称帝后，曹参被封为平阳侯，食邑万户，被派往刘肥的齐国为相国。曹参在秦时是个狱吏，虽说有点文化，但并无治国治民的经验。为了治理好齐国，他尽召长老诸先

生，求教治国安民的办法。齐地的老先生
有数百人，而且所说的都不一样，曹参不
知该听谁的。后来听说胶西有一位盖公，
善治黄老之学，便派人以厚礼去请。盖
公认为："治道贵清静而民自定。"曹
参采纳了他的建议，在齐国为相九年，
齐国人民安居乐业，曹参亦被称
为贤相。

　　汉朝相国萧何死后，按刘邦
生前的遗嘱，由曹参接替萧何为
汉相国。曹参继续推行清净无为的
政治主张。汉代另一位极力提倡
黄老思想并非常有影响的人物是
窦太后。窦太后本是汉文帝的皇
后，汉景帝时为太后，一直到汉
武帝当政六年后才死去，左右
政局达四十余年。她强令
景帝及窦氏子弟都读
《黄帝》《老子》，并
尊其术。由于她的提

倡，黄老思想更加风靡，甚至贵族妇女们也以言黄老为时髦。

高祖曾让陆贾总结秦亡教训，陆贾撰《新语》十二篇，其中大力提倡无为而治、与民休息。刘邦接受了这一原则，采取与民休息的政策。但在刘邦统治的数年中，朝廷忙于封王、废王、东征西讨，对为政方面顾及甚少。明确以"无为而治"作为一种施政原则是从惠帝时开始的。

汉惠帝、吕后当政时，身边有一批鼓吹和信仰道家学说的近臣，拜曹参为相，曹参推行"举事无所变更"，于是"无为而治"的道家思想就顺理成章地被奉为指导思想。到景帝时，窦太后"好皇帝老子言"，黄老学说在汉初政治舞台上占据统治地位，盛行了半个多世纪。从惠帝至景帝这段时间，统治阶级有意识地推行"无为而治"和贯彻"与民休息"的政策，这是

道家思想在政治上的运用。不过，它不是
一般的道家思想，乃是"老""庄"之学和
"黄帝之学"的结合。所以，历史上都把
这一时期的政治称为"黄老政治"。汉初
实行的"黄老政治"既不同于法家实行的
一味地严刑酷罚，也不赞成儒家的繁文
缛节。所谓"无为而治"，乃是立足于"无
为而无不为"的原则。所以，其为政"宽
缓"并非放弃刑罚，"与民休息"更不是否

定对人民的剥削，只是把刑罚和剥削限制在社会可以接受的范围内，从而使人民得以休养生息，达到恢复和发展生产的目的。黄老政治表现出它自身的特点："顺民之情与之休息。"皇室带头躬身节俭，轻徭薄赋，奖励农耕，轻刑慎罚。文帝、景帝时期，由于清净无为，国家少事，政治清平，赋税徭役较轻，社会经济得到较快的恢复和发展，人民生活都有了显著变化，呈现一派繁荣景象。

二、文帝即位步履艰辛

　　刘邦生有八子，只有次子刘盈为吕后所生，后继位为汉惠帝，却不幸早逝。吕后为了掌权，对其余诸子大加迫害，有四人为其所害。到吕后逝世时，刘邦的儿子中只剩下淮南王刘长和代王刘恒。刘恒的母亲薄姬，自从刘恒出世之后，就过着被冷落的日子，使得薄氏谁都不敢得罪，逢事多加考虑，处处谨慎小心，刘恒也就在朝臣的眼里留下了一个"贤智温良"的好印象。公元前197年，经萧何等朝臣举荐，7岁的刘恒被封为代王。刘邦晚年，后宫争宠之风愈演愈烈，那些曾经得宠的妃子，后来都遭吕后幽禁，并施以各种残虐的手段。薄姬一贯安分守己，又不是受宠的妃子，终算死里逃生，没有遭到吕后的毒手。从此她跟着儿子去代国，在边地过着宁静的生活。刘恒自8岁立为代王，一直以来，也安于边地诸侯王的地位。他没有过多的奢望，却避开了萧墙之祸的

牵连，称得上因祸得福。后来吕后逼死赵王刘恢，曾经派人告诉刘恒，准备将他封为赵王。刘恒深知吕后的为人，委婉地谢绝她的"恩宠"，表示"愿守代边"。宫廷残酷的权力之争，使这位边地诸侯王如惊弓之鸟，一直保持着几分警惕性。

吕氏死后，宫廷发生变乱，太尉周勃、丞相陈平诛杀诸吕，控制了朝政。此时，大臣们开始筹划皇位的继承人。大家认为当时的小皇帝刘弘根本就不是汉惠

帝后代，不宜保留；齐王刘襄虽说是高皇帝的嫡长孙，但因为其母是恶人不能立。权衡来去，最后认为"代王是现存高皇帝儿子中年龄最大的，为人仁孝宽厚。太后娘家的人谨慎善良。而且立长子本来就名正言顺，再加上他的仁孝名声天下都知道，是最合适的人选"。

同年九月，周勃、陈平等朝中大臣秘密派使者去代郡，迎接刘恒到长安去当皇帝。但是他同样不肯冒风险，于是刘恒召集僚属商议。郎中令张武认为，

朝廷里的大臣，都是高帝的大将，他们懂兵法，善于玩弄权术，恐怕这是以迎立代王为名，实际另有阴谋。他建议刘恒称病不去，等探明真实情况再定。中尉宋昌的意见则相反，力主刘恒入朝。他列举刘邦统一天下，汉家政权难动摇的事实，说明刘氏统治天下不可逆转。所以诸吕谋乱，周勃一呼百应，天下民心同归。如果现在大臣有人谋反，同样不会有好结果。况且朝廷内外、全国各地，都由刘氏子弟控制。大臣迎立代王乃是民心所向，劝刘恒不必多心。最终刘恒决定派他的舅舅薄昭先去长安见周勃，探清事情的真相。薄昭从长安回来，知道这都是事实。刘恒的疑团解开，并令宋昌和张武等六人跟随他前往长安。代王一行到达高陵，距离长安仅数十里之遥。他们又停下来观察长安动向，还派宋昌入朝探听虚实。宋昌来到渭桥，见丞相以下的大臣都在等候迎接代王，就赶回高陵

报告。代王驰至渭桥，只见群臣全部跪倒在地，迎接代王。这时，太尉周勃表示有话奉告，愿避左右，在一旁的宋昌立即回绝说："要讲的是公事，就当着公众讲；要讲的是私事，王者是大公无私的。"一方神经紧张，唯恐遭遇不测；一方被当面回绝，处境十分尴尬。周勃碰壁之后，便奉上皇帝玉玺。刘恒没有接受，说："这事到代邸再作商量。"那不和谐的气氛才稍稍

缓和几分。刘恒到达长安时，没有立即入宫，先住在代王的官邸里。那些诛诸吕的功臣，都跟随来到代邸，并请代王即皇帝位。刘恒在群臣拥戴下终于即皇帝位，入主未央宫，当夜拜宋昌为卫将军，接管南北军；又以张武为郎中令，主管宫内宿卫侍从诸事，以防事变。这位边地诸侯王，从此改变身份，成为汉家第四位皇帝。他就是历史上的汉文帝。

具有传奇色彩的入朝继位，既使刘恒受宠若惊，又不得不如履薄冰，因为他仅带六人入朝取得帝位，这本身就预示着前景多艰，摆在他面前的并非一条平坦的大道。汉文帝即位之后，为了收买人心，培植自己的势力。首先封赐诛诸吕的有功之臣。其中对周勃、陈平、刘章、灌婴等人，封赐尤厚。公元前179年十月，以周勃为右丞相、陈平为左丞相、灌婴为太尉，组成新的汉廷中央。随刘恒入朝的官员，有的官至列卿。此外，对那些诛灭诸吕的功臣，还给予封邑赐金的奖赏。除了保留旧有的诸侯王之外，又立一批新的诸侯王。如同年十二月，立原赵幽王之子刘遂为赵王，徙封原琅玡王刘泽为燕王。

后来，又立刘遂之弟刘强为河间王、朱虚侯刘章为城阳王，等等。

刘恒即位不久就下达诏书说，大批列侯居住京师，不仅要消费大量财富，给运输供应造成沉重负担，而且也使他们没有办法"教训其民"，因此命令列侯都要回到自己的封国里去，有官职在身不能离开或朝廷特许留住的，也要把太子遣送封国。这是一道对上层人物关系重大

的命令，遇到了相当大的阻力，诏书下达
一年之久不见行动。刘恒有些恼火，再次
下诏说："前时诏书要列侯回到封国，却
大都托辞不走。丞相是我所器重的人，请
他为我率领列侯到封国。"列侯们除了爵
位以外，还想在京师寻找到有权力的职
位，所以托辞不走。刘恒要丞相带头到封
国，以此挡回列侯们不受器重的怨言，表
明他这样做不仅是治国的需要，而且也
是对列侯们的真正器重。于是免了周勃的

丞相，周勃逼不得已回到了他的封地绛
县。然而，刘恒让列侯归国这一措施，确
实也是要处理一批他所不器重或不放心
的人物，以此巩固他的地位。周勃就是其
中的一个，他是发动政变诛灭诸吕、拥戴
刘恒当皇帝的第一号首领，刘恒确实感
激他，给予他最高的奖赏。但他对周勃却
心怀畏惧，在他即位后，并没有打算改变
周勃太尉的位置，丞相仍由陈平担任。陈
平是谋士出身，一向谋虑深远，他感到自

己与周勃之间失去了平衡, 处于危险地位, 托病不出, 坚持要求把周勃的位置排在自己之上。刘恒只好把丞相职位一分为二, 要周勃任右丞相, 位居第一; 陈平任左丞相, 位居第二; 空出的太尉一席, 由将军灌婴填补。周勃功高权大, 当时的郎中袁盎向刘恒指出, 对周勃过分谦恭使得"臣主失礼"。这时有人对周勃说:"你诛吕氏、立代王, 威震天下, 受重赏、处尊位, 得宠已极。长此下去势必引祸及身。"周勃猛然意识到问题的严重, 立即"请归

相印"，刘恒毫不迟疑地答应了。周勃当右丞相前后只有一个多月。辞相一年后，丞相陈平去世。因无其他合适人选，刘恒又让他当了丞相，复职后十个月，又以列侯归国的名义把他免了职。

刘恒继位三个月之后，臣僚提出预立太子问题，汉文帝遂立长子刘启为太子。这样，自汉高祖以来，预立太子，就成为汉家的定制。刘启被立为皇太子，他的生母窦氏也被立为皇后。这位窦皇后出身寒微，父母早亡，兄妹三人相依为命。吕后时期，窦氏以良家女被选入宫，后来吕后遣送宫女，分赐诸侯王，窦氏属于被遣送之列，被分配到边远的代国。不料窦氏到了代国，却深得代王的宠爱，从此她平步青云，一跃成为代王的宠妃。后来代王的王后以及王后所生四子，都先后死去。因此，文帝即位数月，遂立窦氏为皇后，立其子刘启为太子，少子刘武被封为梁王，女儿为馆陶长公主。这些入主汉宫的新主人，从薄氏、刘恒，到窦氏，在汉廷并无雄厚的政治基础。刘恒仅仅凭借为人"宽厚"以及母家"谨良"的条件，依靠一批老臣的拥戴而登位，但是他所面临的，却是不断壮大和日益骄横的诸侯王势力，国家财政困难也亟待解决。换言之，刘恒登位伊始，汉初的社会经济以及政治上都孕育着危机。而迅速扭转国家财力不足的局面，与政治上解决诸侯王势力膨胀发展的问题，两者既密切相关又存在着矛盾。对这位"宽厚"的皇帝来说，这无疑是一场严峻的挑战。

三、虚心纳谏与民休息

汉文帝即位之时，汉代所存在的社会问题依然复杂多难。虽然经过二十余年的休养生息后有所扭转，出现"衣食滋殖"的状况，然而社会经济尚未根本好转。不仅国家财力不足，而且人民生活还相当困苦。造成这种贫困的状况，是"一人耕之，十人聚而食之"，农民遭受残酷剥削，同时淫侈之风日益严重，以及社会本末倒置，根本不注重农业生产。这表

明汉初一度缓和的农民与地主之间的矛盾，到文帝时期又逐渐趋于表面化。另一方面，汉朝统治集团内部的矛盾和斗争也日益加剧。继吕后排挤各刘姓诸侯王和平定诸吕作乱之后，汉文帝即位之初，又有济北王刘兴居起兵反抗汉廷中央，表明诸侯王势力的发展，正日益转化成为汉朝的对立面。汉统治集团内部相互残杀，正逐渐重蹈秦朝败亡的覆辙，潜伏着政局不稳的危机。文景时期的政治经济形势正面临旧的社会问题还没有根本解决，新的社会矛盾又日趋尖锐的复杂情况。在汉代的历史上，这是一个承前启后的重要时期，成败将决定汉王朝的命运。

文帝即位那年，面对纷繁复杂的社会问题，他重用谋臣贾谊，并命其总结秦

王朝灭亡的历史教训。于是贾谊作《过秦论》，称："前事之不忘，后事之师也。"把安民视为治乱之本。针对社会形势发展的要求，汉文帝在位二十三年，一直采取清净无为的统治方针，以黄老之学作为指导政治的主导思想，大力推行无为政治。在他即位不久，就接连下了两道诏书。第一道诏书说："在春季要到来的时节，连草木和各种生物都有它自己的快乐，而我们的百姓中鳏寡孤独、贫穷困窘的人，有的已经面临死亡，而为人父母的不体察他们的忧愁，还干什么呢？要研究出一个赈济的办法。"第二道诏书说："年老的人，没有布帛就穿不暖，没有肉就吃不饱。如今正当岁首，不按时派人慰问年老的长者，又没有布帛酒肉的赐予，将用什么帮助天下的儿孙孝敬赡养他们的老人呢？现在听说官吏给贫饿老人发放饭食，居然用陈谷子，难道这符合赡养老人的本意吗？要制定相关法令加以约束和规定。"官府根据诏书给各县下达了下列

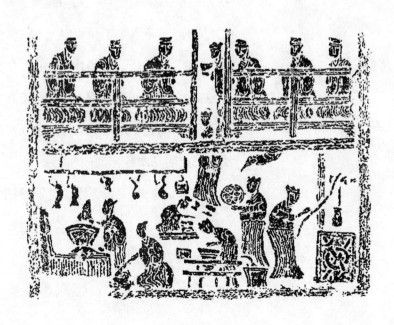

法令："年80岁以上,每人每月赐米一石,肉二十斤,酒五斗。年90岁以上,每人另加帛二匹,絮三斤。所赐物品,由县令过目。郡太守派都吏巡行各县,进行监督发放。"这两道诏书的下达,初定了汉文帝统治时期的基本政治倾向。

在处理君臣关系方面,文景时期多取谦让宽容,以礼相待的态度,并且能够虚心纳谏,因而形成一种比较清明的政治空气。这对于稳定政局至关重要,也是推行清净无为政策的重要条件。汉文帝即位不久，就下诏令"举贤良方正、能直言极谏者，以匡朕之不逮"。每次上朝时，郎、从官上书疏，未曾不止辇受其言，可谓从谏如流。汉文帝重申废除"诽谤、妖言罪"，也是为了广开言路，为了听取别人的建议，改掉自身的缺点。

有一次刘恒走进郎署，与署长冯唐闲谈，知道冯唐祖上是赵国人，父亲时住代郡，而他自己曾为代王，就对冯唐说，

在当代王时，厨师上饭时说战国时赵国有个将军叫李牧，很能打仗，后来每吃饭时就想到这个李牧。他问冯唐知不知道李牧这个人。冯唐说："赵国的将军中著名的是廉颇和李牧。"接着又讲了廉颇和李牧的许多事迹。刘恒越听越高兴，拍着大腿说："唉呀，我要是有廉颇和李牧那样的将军，就不用担心匈奴了。"冯唐却说："陛下就是得到廉颇和李牧，也是不能用的。"刘恒很生气，过了一会儿，又问冯唐："你怎么知道我不能用廉颇、李牧

呢？"冯唐说："廉颇、李牧之所以能打胜仗，是因为赵国君主充分信任他们，给他们自主权力，不干涉他们的具体事务，只要求他们打胜仗。而现在魏尚当云中郡太守，优待官兵，打了很多胜仗，匈奴不敢接近云中，却因上报战功时交的敌人首级比他报的数字差六个人头，陛下就把他罢官、削爵、判刑。立了大功不受赏，出了小错受重罚。所以说就是得到廉颇、李牧，也是不能用的。"刘恒听了觉得很有道理，当天就赦免了魏尚，恢复他的云中

太守职务，并任命冯唐为车驹都尉。

张释之是个严格执行法律的官吏，他以不阿谀逢迎、敢在汉文帝面前据理力争而著名，文帝任命他为廷尉。有一次，文帝出行到中渭桥，被一个行人惊了拉车的马。惊了皇帝的车马叫做"犯跸"。于是此人被抓来交由廷尉处理，张释之查清案情，此人听到车马声音，远避不及，而躲在桥下，过了好一会儿，以为车马已过，却不料出来恰巧碰上了皇帝的车马，撒腿就跑，车马被惊。按法律规定，这种情况要"罚金四两"，张释之就这样判决了。刘恒非常不满，很生气地说："这人惊了我的马，幸亏我的马温驯，要是别的马，不就伤了我吗？廷尉却只判了个罚款。"张释之说："法律是天子和天下人共同遵守的，现在法律就是这样规定的，要判重了，会使法律在人民中失去威信。当时要是就地把这人杀掉，也就罢了。现在既然交给廷尉处理，而廷尉是天下司法的标准，一有偏差就会使天下的司法官丢

开法律随意处罚。因此只能严格按律判决,希望陛下体察。"过了好一会儿,文帝才说:"廷尉是对的。"这件事说明当时一些重要的执法官员能够以公正为原则,而汉文帝以天下之尊,也能够虚心纳谏。

中国自古以来都把重农抑商奉为基本国策,汉文帝也认为:"农业,是整个汉氏天下的基础,同时也是人民生活的保证。"为了刺激农业生产的恢复和发展,他曾"开籍田,亲率耕,以给宗庙粢盛"。他采纳"贵五谷而贱金玉"的主张,实行以粮食换取爵位或赎罪的政策。他

曾多次下诏劝课农桑，还在农村乡里设
"力田"之职，作为最基层的农官，经常
和"三老""孝悌"同样得到政府的赏赐。
西汉王朝以这样的方式鼓励农民发展生
产，取得了明显的效果。在汉文帝时代，
直接从事耕作的农民的负担得以减轻。
公元前178年和公元前168年，朝廷曾经两
次宣布将租税减为三十税一。公元前167
年，朝廷还宣布全部免去田租。三十税一
成为汉代的定制。汉文帝时代，算赋也由

每人每年120钱减至40钱。减免的田租，主要受益者当然是拥有大片土地的地主，但自耕农的负担也相对减轻。封建政府从土地和其他方面取得的收入，比起后代来数量少得多，赋税收入比起秦代的竭泽而渔式的压榨，更不可同日而语了。

西汉初年，政府比较清醒地认识到当时的社会形势，一改秦时徭役繁重之苛政，对征发兵役和徭役有所控制。当时的徭役主要与修建土木工程和战争有关，所以为了减轻人民的徭役负担，朝廷便尽量少兴土木、不发动对外战争。文帝在位时期虽然有几次征发农民修筑长安城，但每次都不会时间太长，即不超过一个月，而且都选在冬季农闲时候进行。同时为了避免胡乱征发，汉文帝时调用民力十分有限，劳役人员来自长安六百里内，人数最多十四万六千人，工期也以三十日为限。

　　汉文帝时，徭役征发制度又有新的变革，把男丁徭役由一年一事减为三年一事。公元前155年，朝廷把秦时17岁傅籍，即正式成为征发徭役对象的制度改为20岁傅籍，而著于汉律的傅籍年龄则是二十三岁。公元前149年诏令诸侯王丧葬，包括开掘墓坑、修治墓地及送葬等事，征用民役不得超过300人。汉初统治者实行与民休息的政策对稳定社会秩序、恢复和发展农业生产无疑是有积极作用的。

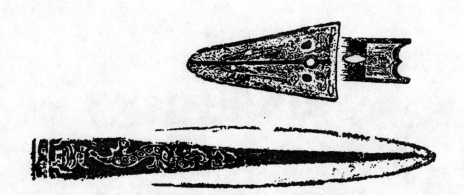

四、躬亲节俭宽刑简政

　　据说在汉初经济恢复阶段，当时皇帝乘车不能驾着同样毛色的马，有的将相甚至不得不乘坐牛车。于是汉初的几代皇帝和皇室，多注意节俭，一反秦代皇室穷奢极欲的奢华作风。从汉高祖刘邦开始，就注意到这个问题。到惠帝以后，在"黄老政治"的影响下，几代皇帝和皇室都比较注意节俭。惠帝、吕后及景帝皆无过分铺张豪奢之举，形成节俭的风气，

尤以文帝为甚。文帝大力提倡节俭，并且身体力行，为天下先。汉文帝不论在国事开支方面还是他个人花销方面，都精打细算，简朴从事。他严令各级官吏要"务省徭费以便民"。在刘恒当皇帝的二十三年中，宫室、苑囿、狗马及各种装饰器物都无所增加。他曾计划造一露台，供自己欣赏游玩之用，于是命令工匠计算成本，结果是大约要花费百金。刘恒觉得花费太高，对臣下说："这相当于十户中等人家的财产。我居住在先帝营造的宫殿中，已经常常感到惶恐羞愧，为什么还要建造新的露台呢？"于是作罢。文帝就连穿衣也非常朴素，身为天子，常穿的却是粗糙的黑色绸料的普通衣服，他所宠幸的妃子也不许穿拖到地面的长衣，帷帐不准用带有绣花的贵重丝织品，以免带起奢侈浮华的风气。每逢灾荒之年，汉文帝往往令诸侯不必进贡，又开放属于皇家所专有的山林池泽，使民众能够通过副业生产保障温饱，度过灾年，扭转经济危局。汉文帝还宣布降低消费等级，精简宫中近侍人员，以减轻社会的负担。文帝为自己修建的霸陵，也要求从简，都是用瓦器建造的，不得以金银铜锡为装饰，随葬品使用陶器。因为其陵墓以自然之山势，陵上地面不筑封土，以求俭省，不致烦扰民众。临终时，他在遗诏中又重申薄葬的意愿，并且具体规定了减省葬祭之礼的内容。

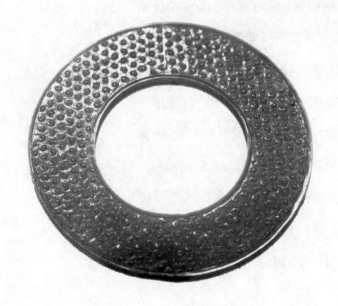

汉初的法律比较简单，刑罚也比较轻简。刘邦入关中时"约法三章"，建立统一的西汉王朝之后，丞相萧何作《九章律》，成为西汉法律的基础。在汉初几十年中，统治者在黄老思想的指导下，继续约法省刑，以无为化天下。省去了那些妨碍人民正常生产生活的法令，统治者还不断地对秦的"苛法"加以淘汰，同时还不断宣布免罪、赦死等诏令。当时秦法规定，如果一个人犯罪，他的父母、兄弟、姐妹、妻子和子女都要连坐，重者甚至处死，轻则为官府奴婢。汉文帝废除了这一法令。

汉文帝曾与臣下两次讨论刑罚问题。汉文帝说："我听说，法律公正，人民就会诚实，判罪恰当，人民就会服从。而且，管理人民，引导人民走正道不犯法的是官吏。要是既不能引导人民走正道，又用不公正的法律去治罪，这种法律反而要祸害人民，造成残暴行为，我看不出它的方便，应该再作考虑。"于是在公元前178年，陈平、周勃宣布废除有关连坐的一切法律条文，使有罪的按法律治罪，没有罪的不受牵连。

针对当时肉刑过滥的现实，汉文帝于公元前167年，给御史大夫下令废除肉刑，用别的刑罚代替，他说："要做到使罪人各按罪行轻重，受到相应的刑罚，而不逃亡，满了刑期，就解除刑罚当平民。"丞相

张苍、御史大夫冯敬根据这个诏令制定了
一个取代肉刑的法令，经文帝批准于当年
颁布。

关于臣下、庶民与皇帝的关系，过
去的习惯总是错在下而功在上。即使皇
上不好也不能说，否则就犯了"诽谤妖
言罪"。如果碰上大的祸患，祭祀时就说
皇上是英明的，都是臣下不好，这叫"秘
祝"。老百姓诅天骂地，因天与天子、皇上
连带，所以也就犯了"民诅上罪"。文帝统
统废除了这些罪状，还针对这些问题提

出了自己的主张。他在诏书中说："古代的时候治理天下，朝廷设立进善旌、诽谤木。以此寻求好的治国方法，招来进谏的人。现在法律中规定了诽谤妖言罪，这会使群臣不敢讲真话，使君主没法知道自己的过失。用什么办法把远方的贤良之士招来呢？祸是由怨恨导致的，福是由做好事得来的。百官的错误，是由于我没有把他们引导好。现在秘祝官把过错推到臣下身上，这更使我的德行不好，我很不赞成，不准再搞秘祝。"从而废除了诽谤妖言

罪。

公元前165年，他又诏令诸侯王公卿及地方行政长官推荐品学贤良能直言极谏者，亲自策问，接受其合理的政治建议并且予以任用。

汉文帝废除秦朝酷法，其中主要的是废除肉刑。公元前167年，齐太仓令淳于公犯了罪要受到惩罚，被押送长安狱中。他的小女随父亲来到京师，并上书汉文帝，表示愿意变为官府奴婢，以赎其父的刑罪。汉文帝对此种做法非常感动，于是下令废除肉刑。所谓"废除肉刑"，实际是改为笞刑，但是由于笞数太多，受笞致死者屡见不鲜，因此用笞刑代替肉刑的做法，别人称为"外有轻刑之名，内实杀人"。由于改笞刑太重，景帝即位后，不得不一再减刑。公元前156年，他下令笞五百减为三百，笞三百减为二百。尽管如此，受笞者死在笞下的现象，仍然时有发生，于是公元前144年，再次下令笞三百减为二百，笞二百减为一百，对施刑的方法及所用的刑具，都作了具体的规定。在量刑断狱方面，文景时期也相对放宽。

从总的情况看，文帝、景帝时期的刑罚，与秦朝的苛法严刑相比，显然轻简了很多，与惠帝高后年间比较，也更趋于放宽。但是汉律作为统治工具，在文景时并未束之高阁。当时的"法治"与"德治"，始终并行不悖，对维护西汉的稳定起到了极大的作用。

五、景帝为政富安天下

　　汉景帝刘启是西汉开国皇帝汉高祖刘邦之孙，文帝刘恒之子。刘启在父亲为代王时生于代国，母亲为窦姬。在代王刘恒入京做皇帝前后，代王王后及其所生四子相继病死，刘启成为文帝长子。公元前179年文帝立刘启为太子、其母窦姬为皇后。公元前157年汉文帝病逝，32岁的刘启即位，是为汉景帝。

　　汉景帝即位后，继续奉行文帝的治

国方针, 保持安定局面, 发展生产, 休养生息。在经济上, 汉景时期实行强本节用、轻徭薄赋的政策, 用以恢复和发展社会生产, 解决国家财力不足问题。尤其是发展农业生产, 成为当时一项紧迫的任务。农业在汉代的经济结构中, 占着主导的地位, 是汉王朝的主要财政来源。汉初经过几十年的休养生息, 虽然社会经济有所恢复, 但是农民贫困的状况却没有得到根本改变。汉景帝时期, 谋臣晁错在

《论贵粟疏》中, 曾经描述了一般自耕农的生活状况。当时, 一个五口之家的自耕农, 耕地不过百亩, 收粟不过百石。这是两个约数, 有的自耕农, 恐怕还不及此数。则五口之家每年用粮共九十石, 余下十石交纳田租、口赋、算赋、献钱、更赋, 就远远不够了。再加水旱之灾, 官家额外摊派, 以及高利贷剥削, 自耕农只能在贫困中挣扎, 或者变卖田宅以偿还债务, 甚至四处流亡。自耕农的破产流亡, 带来两

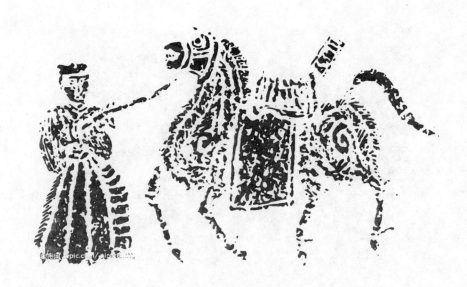

个直接后果，即土地兼并始终不断以及国家控制的编户之民日益减少。汉代的土地兼并，从汉初以来未曾间断，不仅商人肆意兼并土地，官僚势力也巧取豪夺。除了商人及官僚势力之外，诸侯王亦肆意兼并土地。随着自耕农的不断破产，编户之民日益减少，国家赋役来源锐减，势必造成财政匮乏。封建国家财力不足，汉廷的内外政策受到影响。当时对南越王采取怀柔政策，对匈奴实行和亲，除了安民、

避免兵害的因素外, 也与汉廷财力不足密切相关。

农民的贫困和破产, 自然是编户之民减少的主要原因。而当时背本趋末的现象严重, 也是农业人口减少的重要原因。对此贾谊上疏进谏, 提出"不重农抑商国家将会无法统治"。他认为, 农业关系国计民生, 涉及封建国家的兴衰。如果有充足的粮食, 不仅可以对付天灾与边患, 还可以使天下富足安宁。因此, 他主张将从

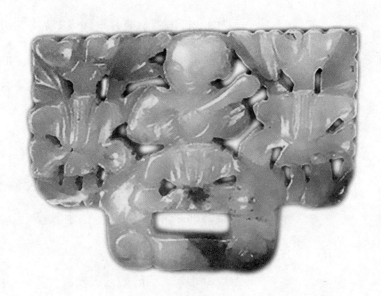

事商业的游食之民，转向从事农业生产。后来，晁错也上疏言农事，强调使民以农为本，打击商贸兼并土地，以解决守边士卒的粮饷，缓和农民与地主的矛盾。他提出当今之务在于使民务农，使民务农在于贵粟，贵粟在于使民以粟为赏罚。

汉景帝即位后不久，了解到了各地农牧资源不平衡，有的郡县缺乏农牧条件，有的郡县却地广人稀，利于农牧。当时政府不许人民迁徙，景帝就宣布允许人民迁徙到地广人稀的地区去发展生产。为了重

农抑商，把农民固着在土地上，鼓励他
们辛勤劳作，文景时期特别注意减轻赋
税，多次颁布减免租税的诏令。文帝十二
年下诏免收全部土地税，景帝元年下诏
免减田租之半。汉代田租常制是"什伍税
一"，即交纳收成的十五分之一；景帝改
为"三十税一"，即交纳三十分之一。此后
终西汉之世，基本沿袭未改。算赋由每人
每年一百二十钱减为四十钱。汉朝初年几
次诏令减省租赋，除了因为农业与封建
国家的根本利益密切相关之外，也包含

着抚恤小农之意。实际上，这是用降低田租税率来刺激自耕农的生产积极性，使自耕农得以维持起码的生产条件，起到稳定自耕农在籍的作用，以保证汉廷赋税来源。其实，田租税率虽然降低了，但是只要收获量增加，封建国家的田租收入同样可以增加。

同时为了进一步刺激农民生产的积极性，汉廷又提出入粟拜爵或免罪。规定

入粟六百石拜爵上造，即第二等爵；四千石为五大夫，即第九等爵，一万二千石为大庶长，即第十八等爵；凡入粟朝廷，有罪可以赎免。对于汉廷来说，通过卖爵即可积贮大量粮食，对于农民来说，因入粟而获得高爵或免罪，也是一种获利的方式。汉景帝一直重视农业生产，直到晚年，还不断地强调农桑之本的重要。为了与民休息和发展生产，景帝颇慎使用民

力。他在位期间，除为自己修建了一座规模不大的阳陵外，基本上没有兴建其他土木工程。

公元前158年四月，汉文帝下令"驰山泽之禁"，准许私人开采矿产、利用和开发渔盐资源。从而"富商大贾周流天下，交易之物莫不通"。一时出现商货流通、市场繁荣的景象。可见文景时期的休养生息政策，既强调以农为本，奖励发展农业生产，又活跃流通领域，以发展和繁荣社会经济。但是，文景时期社会经济的发展，又带来了贫富悬殊的分化。一方面，由于封建国家、地方豪强、商人及高利贷的剥削，农民日益贫困而不断破产，从而转化为势家豪富的佃农和雇农，或者变为富商大贾的奴仆。另一方面，社会财

富日益集中于官僚世家、地主豪强及商贾手中。这种社会现象，在文帝初期已经存在，到景帝时就更加严重了。表明地方豪强已作为一种社会势力崛起，这是文景期间出现的一种新的社会现象。所以，文景时期的社会经济的发展，既为后来汉武帝实施"雄才大略"提供了雄厚的物质基础，也为西汉中期带来了新的社会问题。

减轻刑罚也是汉景帝比较重视的一项安民措施。文帝曾减轻刑罚，废除了历代相传的肉刑，把肉刑改为笞刑，如当割

鼻者改为笞打三百，当断左趾者改为笞打五百，景帝看到笞刑多把犯人打成残废甚至打死，所以一即位就开始继续减轻刑罚。笞刑经景帝几番更改，这才避免了犯人死于刑下。景帝还数次大赦天下，为了避免枉屈无辜，景帝三令五申，强调决狱务必先宽，即使不当，也不为过，并提醒官员不可"以苛为察，以刻为明"，要求判案时尽管依据律文治罪，但若罪犯不服，必须重新评议，一切都要体现宽厚仁慈。

汉景帝时期实行休养生息的政策，另一个重要表现就是继续改革法律。汉初从刘邦到惠帝、吕后，虽说对秦朝残酷的法律进行了一些改革，但仍较严酷。文帝元年，废除一人犯法、家属连坐、罚为官奴的法令。文帝二年，废除"诽谤妖言罪"。文帝十三年，下令废除肉刑，而代之以笞刑。然而笞刑过重，容易使罪人当场死亡。汉景帝也说，笞刑与死刑无区别，即使侥幸不死，也不能正常地起居生活。
于是到景帝元年，下令减轻笞刑，例如，
原笞五百的改为三百。景帝六年又一次
下令减轻笞刑，减三百为二百，减二百为
一百。同时还规定了竹板的大小尺寸，只
准打臀部。一名罪犯只能由一个人行刑、
中间不得更换人，这样受笞刑的人才能
保住性命。汉景帝统治时期的许多官员能
够执法宽厚，断狱从轻，于是狱事比较清
明，刑罚比较简省，这同秦朝统治下的凄
惨景象，形成了鲜明的对比。

在思想领域，景帝奉行黄老的无为

而治思想，学术上则对诸子
采取兼容并蓄的态度，允许
各家争鸣。王生是黄老道学
大师，常被召居宫内，成为景
帝的座上客。景帝在崇尚黄老
道学的同时，也很注重儒家的教化
作用。当时为儒家设立了不少博
士官，《诗》《书》《春秋》等均
立博士，景帝起用《公羊》学大师董仲舒
和胡毋生为博士，这种活跃局面大大推
动了儒家的教化和影响。外交上，汉景帝
继续采取汉初以来与匈奴和亲的政策。

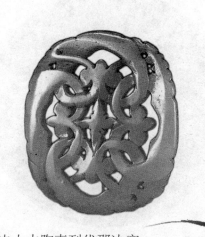

公元前156年派御史大夫陶青到代郡边塞
与匈奴商谈和亲之事。次年秋天，又与匈
奴举行和谈。公元前152年，汉朝遣送公主
嫁与匈奴单于。尽管汉匈和亲，但匈奴一
方还是时常小规模地入侵汉境。对于匈
奴的入侵掠夺，景帝从维护汉匈和好的大
局出发，从未进行出兵反击，最多只是增
调部分骑步兵屯守防御。为了维护汉匈和
睦关系，景帝还在汉匈边界设置关市，互
通有无，大大促进和便利了汉匈之间的经
济文化交流。这种宽厚的对匈政策，保证
了汉朝社会的安定局面，对人民的休养

生息起了很大作用。

汉景帝所以能创下"文景之治"的政绩，除了推行一系列的政治、经济、文化、司法、外交政策以外，和他的知人善任、是非分明同样有很大关系。对于一位君主来说，能够识才择贤，固然不易，而能够不以好恶定是非，就更不容易了。

郅都是执法不避权贵的严酷官吏。济南有一豪强氏族，历任郡守无人敢制，景帝拜郅都为济南太守，郅都诛杀该族首恶，一年之后，济南郡成了道不拾遗的清明地界。后来景帝又任郅都为雁门太守，匈奴畏惧郅都，引兵远避，不敢靠近雁门。宁成也是执法不避权贵的严酷官吏。长安居住着许多宗室权贵，胡作非为，京官无人敢管，景帝调宁成为中尉，一举镇住了犯法的宗室权贵。程不识敢于直谏，景帝任他为评议朝政的太中大夫。周仁守口如瓶，景帝任命他为郎中令，作为贴身近臣。汉景帝用人，均力图做到择

贤而任，用其所长。

外戚是汉室从高祖时起就很敏感的问题。景帝对此颇能分清彼此，不以偏概全，既不让外戚专权，又能任用确有才能的外戚以适当的官职。窦婴是外戚，吴楚之乱时，景帝考察宗室诸窦，没人超过窦婴，就拜他为大将军，监督各军，窦婴不辱使命。后来窦太后几次让景帝拜窦婴为丞相，景帝没有听取，窦太后颇有埋怨情绪，汉景帝却说："难道您老人家以为我舍不得把丞相这个职位给他吗？他这个人沾沾自喜，行为轻薄，丞相要老成持重，他难以胜任。"

不仅对臣子如此，汉景帝对同胞姐弟以及宫中的嫔妃们也充满了仁爱之心，多能体谅、庇护，避免了许多不必要的冲突。同时，他又是非分明，原则性的问题坚持不放，决不姑息迁就。其中最显著的例子要算对待弟弟的继位和皇后的设

立问题，汉景帝的母亲窦太后共生二男一女，景帝刘启为长子，弟弟刘武封为梁王，姐姐刘嫖称长公主，嫁给了陈午。景帝同母兄弟仅有刘武，所以自幼与刘武情同手足，形影不离。刘武封王后，连年入朝，常被挽留京师。一次，景帝设家宴招待梁王刘武，当时朝中还未立太子，景帝喝得高兴，对梁王说："等我百岁之后，把帝位传予梁王。"当时梁王和宠爱小儿子的窦太后听了，并未认真。后来梁王因平定吴楚七国叛乱有功，再加上窦太后的宠爱，便不可一世起来。他建了一处方圆三百多里的东苑，并把国都扩建成为周长七十里的大城，在城内大兴土木，营建宫室复道，出门打着天子旌旗，队伍千乘万骑，简直就与皇帝一样。又多作兵弩弓箭，招揽四方豪杰，羊胜、公孙诡等谋士纷纷投奔梁王。经过这段时间，窦太后和刘武对"传位梁王"的话认真起来，打算让景帝确立刘武为帝位继承人。袁盎和大臣们听到这种风声后，就对景帝揭示这个问题的利害关系，使景帝坚定了帝位

必须传子的主张。梁王知道后, 不敢再向
窦太后说什么, 就急忙辞京回国了。梁王
回国后, 朝中立了太子。不久, 梁王病逝。
景帝痛惜骨肉至亲, 也为了安慰母亲, 把
梁王的五个儿子都封为王, 五个女儿也都
封了一处采邑。

　　汉初推行的黄老无为政策促进了农
耕生产和社会经济的发展。西汉王朝的
国力也因此得到了空前的充实。从汉初
经历文景时代至汉武帝即位之初七十年

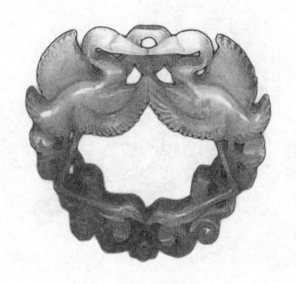

间，国家没有严重的政治动乱，又没有严
重的水旱灾荒，于是民间家给户足，城乡
的大小粮仓也都得以充满，而朝廷的财
政也是大有盈余。国家粮仓太仓的存粮
年年堆积，以至于满溢而堆积于露天，导
致腐败不可食用。民间大小民户都风行
养马，阡陌之间驰游成群。人们竞相逞示
富饶，骑乘母马的人甚至不能参与乡间聚
会。农耕的发展，使得粮价普遍降低。汉

文帝时，谷价至一石数十钱。文景时代推行的政治方针，使国家安定，经济富实，但是匈奴贵族因为未曾遭到有力的反击，对汉地的侵扰愈益频繁。因为中央政府政策的宽容，一些诸侯王也有与朝廷分庭抗礼的倾向，公元前154年终于爆发了史称"吴楚七国之乱"的联合叛乱。西汉王朝凭借文景以来所创造的稳固的政治基底和雄厚的经济实力，迅速平定了叛乱。吴楚叛乱发生于正月，三月即告终结。文景时代的社会进步，是和推行清净无为、与民休息的政策分不开的。它维护社会安定，与民休息，使当时经济稳定地向前发展。这段时期在历史上合称为"文景之治"，是西汉王朝的升平时代。

六、诸侯势大起兵反叛

西汉建立之初，刘邦大封刘氏子弟为王，建立许多诸侯国。诸侯王占据了全国大片土地，其中尤以齐、楚、吴三国最大，当时全国大约有五十四个郡，各诸侯国就占三十九个郡，仅齐一国就有七郡。归西汉王朝中央政府统辖的，只有十五个郡。它们在政治上、经济上拥有较大的自主权，具有相对的独立性。这就为汉王朝培植离心力量，埋下了种子，最后发展成为西汉社会的祸患。诸侯王国初立之时，各国经济实力薄弱，一时无力与汉廷分庭抗礼，而且多数诸侯王年龄还小或羽翼未丰，汉廷所派丞相及太傅，基本上能左右王国事务，尚未对中央政权构成威胁。文景时期推行的黄老的无为政治，对稳定政局和恢复经济起了很好的作用。同样为诸侯王势力和地方豪强势力的发展，提供了良好的条件，并起了催化的作用。

经过近二十年的休养生息，诸侯国

的经济力量有了比较大的发展。汉文帝时期，这些诸侯王的羽翼已成，迅速膨胀起来，足以同西汉中央政权分庭抗礼，俨然独立于西汉朝廷之外，这就严重地影响了国家统一，削弱了中央集权。于是，以皇帝为代表的中央集权势力，同以诸侯王为代表的地方割据势力之间的冲突，迅速地激化起来。

公元前177年，济北王刘兴居起兵叛乱。刘兴居是齐悼惠王刘肥之子，城阳王刘章的弟弟。高后时，刘兴居曾封为东牟

侯，宿卫长安。后来大臣诛灭诸吕，刘章居功
自傲，希望能够封王赵地，刘兴居欲望不减
其兄，也寻思得到梁地。汉文帝即位后，因为
当初刘章兄弟企图立齐王刘襄为帝，所以只
割齐两个郡作为他们的封地，引起他们极大
的不满。一年之后，刘章死了。这时正值匈奴
入侵河套地区，刘兴居乘机起兵反叛，最后
兵败自杀。在诸侯王势力中，济北王力量不
是很强就尚且如此，其他诸侯王就更加无视
汉廷的存在了，只是此时矛盾尚未激化。

　　果然，又过了三年，淮南王刘长也公然

反叛汉王朝。刘长是汉文帝的异母弟，刘邦晚年立其为淮南王。刘长骄横跋扈，作恶多端，文帝常常宽恕他。刘长的母亲曾因贯高的谋反案受到牵连，被关押在河内，当时得宠于吕后的审食其不肯救她，刘母最后被迫自杀。公元前177年，刘长入朝，为了报母之仇，在长安杀了审食其。汉文帝再一次赦免他，但是汉朝一再的宽容，却助长了刘长嚣张的气焰。刘长回到封国之后，举动更加肆无忌惮。他不用汉法，为所欲为，甚至仪制等同汉朝。又在封国内自作法令，擅自刑杀无辜，封官赐爵等等。刘长的所作所为，已经把封国变为独立王国。汉文帝无可奈何，让薄昭用书信规劝他，结果刘长更加不满。公元前174年，刘长公然纠集人马，在谷口发动叛乱，并派人与闽越、匈奴取得联系。事情败露后，叛乱迅速被扑灭。当时丞相张苍及其他大臣上书，认为刘长罪当弃市。但是，汉文帝又免他死罪，只是罢去他的

封号，将他发配蜀郡。途中，刘长绝食而死。

此外，吴王刘濞利用封国的自然资源，不断扩张势力。他在豫章郡采铜，大量铸造钱币，又利用近海的方便条件，广收煮盐之利，积累了大量的财富。为了收买人心，他免除封国内的赋税，招揽天下亡命之徒，不断发展自己的经济和政治实力。文帝时，刘濞的儿子与皇太子下棋，双方发生争吵，结果被皇太子打死。汉文帝派人将尸体运回吴国，刘濞怒称："天下一宗，死长安即葬长安，何必来葬。"于是又将灵柩运回长安埋葬。从此，刘濞称疾不朝，简直不把汉廷看在眼里。汉文帝干脆赐他几杖，以年老为名，准许他不用朝请。

汉初诸侯王势力的恶性发展，到文景时期，实际上已成为对抗汉廷的分裂势力。朝廷中一些有识之士，深感这一社会病态的严重性，认为到非从根本上解

决不可的时候了。梁太傅贾谊就是其中一

人。公元前174年，贾谊上《陈政事疏》，

指出如今天下的形势，像一个患肿病的

人，小腿胖得几乎像腰一般，一个指头就

像腿那么粗，平坐不能屈伸，一两个指头

疼痛起来，就难以忍受。如不及时救治，

必将成为痼疾。因此，贾谊提出分割诸侯

王国的领土，缩小诸侯王的封地，以削弱

他们的势力。然而，当时汉文帝正用心于

稳定政局，恢复和发展社会经济，形势不

允许他与诸侯王公开对抗。当时，汉文帝

还来不及解决诸侯王势力恶性发展的问
题，七年之后就死了，这个社会问题只得
留给他的儿子景帝来解决。

汉景帝即位之初，首先面临的国家急
务就是如何解除藩王势力对汉室的威胁
问题。在此问题上，他充分采纳了晁错的
主张。晁错，颍川人，他胸怀大志，博学多
才，能言善辩，曾任太子家令。景帝即位以
后，任命他为内史，旋又拜为御史大夫，
位列三公。对于藩王的问题，他上《削藩
策》，主张借诸侯王触犯王法的时机，削

减诸侯王的封地。景帝采纳了这个建议，于公元前154年，以各种罪名先后削去楚王的东海郡、赵王的常山郡和胶西王的六个县。他还认为藩王中势力最强大且最危险的是吴王刘濞。刘濞是刘邦之侄，当初刘邦封他为吴王以后，就预计他日后可能反叛，颇有后悔之心，但业已分封，也只好静观其变。

刘濞被封为吴王以后，即收买人心，发展势力，企图有朝一日夺取帝位。到景帝即位，刘濞已经准备了四十年，成为威

胁最大的诸侯王。故此，晁错主张先削
吴王的封地。他对景帝说："过去吴王因
其子死于陛下之手，对朝廷深怀怨恨，诈
称有病，不来京朝拜天子，按照古法应当
诛杀。文帝不忍加刑，赏赐几杖，允许他
不来朝拜，恩德可谓宏厚。吴王不改过
自新，反而越发放肆，开山铸钱，煮海制
盐，招诱天下逃犯，谋图叛乱。现在削夺
他的封地他会造反，不削夺也会造反。削
夺，他仓促造反，祸会小些；不削，他准备
充分再反，祸患更大。"

晁错又修改有关藩王的律令三十章，一时诸侯喧哗，反响强烈。各藩王自然把晁错视为眼中钉，恨不能食肉寝皮。晁错的父亲也感到儿子大祸临头，特意从家乡赶到京城，劝说儿子。晁错不听，其父服毒自尽。晁错不为所动，仍然力主削夺诸王。

接着，汉朝中央又计划削夺吴王刘濞的封地。刘濞知道"削藩"是汉廷的决策，便决心发动叛乱。他首先派人沟通了楚王刘戊，随后又扮成使者亲自前往楚

国面见刘戊，达成叛乱盟约；然后又串通赵、胶西、胶东、淄川、济南的诸侯王秘密谋划。公元前155年，朝廷下诏削吴国之会稽、豫章郡，终于拉开了导火索。吴王刘濞公开举起叛旗，并以"诛晁错""安社稷"这种冠冕堂皇的话为口号，联合各地诸侯王起兵。刘濞首先在广陵起兵，国内14—62岁的男子统统征发，共二十余万人，西渡淮水，与楚兵会合。

当时与吴王联络的诸侯国大都依约发兵，原来曾合谋反叛的齐王，后来反悔

而背约守城，结果齐都首先遭到胶西、胶东、济南等国联军的围攻，赵王刘遂一面陈兵赵国西界，等待与吴、楚两军会合，一面派人与匈奴联系，准备连兵西进。吴、楚两军合攻梁国，先破棘壁，杀数万人，气势十分凶猛。如此以吴王为首，卷入叛乱的共有七个藩王，一同向西汉中央政府统治区域进攻，正当军事行动万分紧急的关头，曾任吴相并与晁错有很大过节的袁盎在窦婴的引荐之下，乘机以七国之乱"诛晁错，清君侧"为幌子，对景帝说："晁错削夺诸侯王封地，才引起这场叛乱。只要杀了晁错，赦免吴楚七国，恢复原来封地，叛乱即可平息。"汉景帝为人仁慈，听后沉默未语。他想到晁错与自己交情深厚，又是朝廷得力的栋梁大臣，感到于心不忍，但又想到兵戈一起，将会杀人盈野，血流成河。权衡来权衡去，最后说："真的是这样，为了天下安定，我只得舍弃一位大臣了。"于是一面调兵遣将，一面诛杀晁错，并任袁盎为太常，派他与宗正刘通整装东行，欲说服吴王退兵。接着，就有丞相上书参奏晁错"无臣子礼，大逆不道，当腰斩"。汉景帝马上批准，尽心竭力"尊天子，安刘氏宗庙"的晁错，就这样被斩于东市。汉景帝原以为晁错死后，吴、楚即可退兵。但当邓公从前线归来，景帝问他杀晁错后前线形势时，邓公向他指出："吴楚之乱其意不在错"，诛晁错乃是绝大错误。至此时景帝才恍

然大悟，但已无可挽回，只有"喟然长叹"而已。

此时，汉景帝方才明白了事情的真相，意识到了问题的严重性。摆在汉景帝面前的，只有以武力镇压叛乱这一条路了，于是他派中尉周亚夫为太尉，率三十六位将军迎击吴、楚叛军，并命窦婴为大将军，监视齐、赵之兵。遣曲周侯郦寄出击赵军，将军栾布出击齐兵。

　　当时，吴、楚两军正在继续进攻梁国，周亚夫率军至昌邑时，叛军猛攻梁国，梁国向周亚夫求救，周亚夫拒不出兵。梁王又派使者请求景帝，景帝诏命周亚夫出兵救梁，他取孙子"将在外，君命有所不受"的态度，拒不奉召。这样坚持了一段时间，形势变为对叛军不利。吴王打算西进，梁国守城，不敢冒进；进攻昌邑，周亚夫高垒不战。于是周亚夫派弓高侯韩颓当将轻骑兵出淮泗口，堵住吴楚军的退路，又切断叛军的粮道。吴军士卒

粮绝饥饿，几次挑战，周亚夫始终坚壁不战。吴、楚士卒因饥饿而纷纷逃散，不得不引兵撤退。这时，周亚夫率精兵追击，刘濞兵败弃军，只带数千人连夜逃亡，楚王刘戊被迫自杀。刘濞弃军逃亡，吴军纷纷投降。刘濞渡过淮水后，逃至丹徒，又退保东越。他收聚散卒万余人，企图继续顽抗，但东越人不愿附吴，乃诱杀刘濞，献其头于汉王朝。

叛乱刚开始时，胶西、胶东、淄川等国的军队占据上风，齐国曾暗中与叛军联系投降，但不久就收到景帝令坚守待援的诏令，接着汉军打败了包围齐国的叛军。此时，吴、楚主力军已彻底失败，齐王与叛军勾结的阴谋败露，齐孝王惧罪自杀。弓高侯颓当向叛军宣布天子诏令，对叛军首领分别治罪。结果，胶西王自杀。胶东王、淄川王、济南王伏法被杀。

将军郦寄率兵追击赵国叛军，赵军退守邯郸，汉军久攻不下。本来与赵有约

的匈奴答应出兵援赵，听到吴、楚兵败的
消息后，也不肯入边。随后栾布回兵助郦
寄攻赵，引水灌城，城破，赵王自杀。至
此，这场七国叛乱持续了三个月，最后以
失败而告终。

　　汉景帝平息七国叛乱后，把叛王封
地做了一番调整，将吴、赵等诸侯国，分
割成几个小国，以削弱它们的力量。又乘
平叛的余威，于公元前145年把王国的行
政权和官吏任免权收归中央，又裁减王
国的御史大夫、廷尉、少府等职官，剥夺
和削弱了诸侯国的政治权力，王国的独立
地位被取消。从此，诸侯王只享受相关待
遇，不能过问行政，成为只有爵位而无实
权的贵族，王国几乎与郡县相仿，诸王对
朝廷的威胁基本上得以解除。文景时期
采用贾谊和晁错的建议，以削弱诸侯王割
据力量的发展，对维护西汉统一起了一定
的作用，也为汉武帝加强封建中央集权
打下了基础。

七、匈奴和战与南越称臣

汉初，经济残破，民不聊生。秦时已经兴起的匈奴部族的势力逐渐强大，所控制的地域包括贝加尔湖以南辽阔的草原大漠。在秦末战争中，尽数收回了秦将蒙恬所占领的匈奴地方，又进入长城以南。楚汉战争时，中原疲于征战，匈奴日益强盛，军中勇士多达数十万，对新生的西汉帝国形成了严重的威胁。汉高祖七年，匈奴发兵攻打太原郡，兵临晋阳城下。刘

邦亲自率军迎击匈奴，时值冬季严寒，士卒中冻伤患病的人大量增加。匈奴冒顿单于佯败，诱汉军北上。三十二万汉军追击，刘邦先到平城，主力尚未抵达，匈奴派兵四十万将刘邦围困于平城东北的白登。汉军指挥中枢七日不能与汉军主力联系，亦无法得到后勤补给，不得不贿赂单于妻阏氏，使说服单于解围一角，终于脱逃，得与主力会合。匈奴退军，刘邦也引兵而罢。此后，汉与匈奴结和亲之约。相互约为兄弟，汉以宗室公主嫁与单于，每年给予匈奴织品酒米食品各有定数。不过，匈奴仍然时时侵扰代、云中、上谷等郡国，使北边地区社会经济生活难以安定。

自平城之役以来，汉廷与匈奴的关系，表面上以"和亲"形式维系，却一直处于战和不定的状态中。公元前177年夏天，匈奴右贤王乘文帝新即位，国内政局不稳，大举入侵河套以南地区。

匈奴破坏和亲，捕杀汉朝官吏和士兵，掠夺当地居民的财物和土地，汉文帝便发兵抗击匈奴的骚扰。这是自实行"和亲"政策以来，汉廷首次以兵戎对付匈奴。汉文帝派灌婴率八万五千车骑，在高奴迎击右贤王，又发中尉材官防守长安。文帝还亲自到甘泉督战，结果右贤王兵败逃出塞外。汉军乘胜追击，汉文帝从甘泉到达高奴，并取道高奴去太原。就在这时，济北王刘兴居得知文帝去太原，以为他要亲自指挥追击匈奴，乃起兵发动叛乱。汉文帝闻讯，立即命令灌婴罢兵，

同时赶回长安，平定济北王的反叛。匈奴退回塞外后，即令右贤王西攻大月氏，先后征服楼兰、乌孙等二十六国。

公元前176年，冒顿单于派人给汉文帝送来一封信，表示愿意跟汉朝恢复和亲。由于当时匈奴新破月氏，士气方盛，形势对汉朝不利，同时汉朝需要一个和平的环境，以便恢复和发展社会经济，因此决定与匈奴恢复和亲。公元前174年，汉文帝派人前往匈奴，双方约为兄弟，还送给冒顿许多贵重物品。过了不久，冒顿单于死了，子稽粥继位，这就是老上单于。

老上单于初立，文帝将一位宗室公主嫁给他，还派宦官中行说为陪嫁大臣，他到了匈奴后经常为单于出谋划策，劝他进攻汉朝，掠夺汉朝的财富，匈奴与汉廷的关系日趋紧张。公元前166年，匈奴以十四万骑攻入朝那、萧关一带，杀死汉朝将领，掳掠了大批人民和牲畜，烧毁安定郡的回中宫，甚至前锋到达雍县和甘泉，威胁着汉朝都城的安全。汉文帝派中尉周舍、郎中令张武调集十万骑兵，驻防长安以备匈奴。又派卢卿、周灶、张相如、董赤等人，发车骑进击匈奴，将匈奴赶出塞外。

从此，匈奴日益骄横，几乎年年骚扰边地，杀掠大量人民，云中及辽东两郡受

害最为严重。公元前158年冬天，匈奴以三万骑兵侵犯上郡和云中郡，杀掠大批人民，告警频频传至甘泉和长安，京师为之震动。朝廷派大将屯守飞狐口、句注和北地。在都城长安附近，也派重兵防守。周亚夫驻守细柳时形势紧张，驻军戒备森严，随时准备应急。汉文帝到细柳慰劳将士，周亚夫甚至披甲持兵，简直到了剑拔弩张的地步。过了一个多月，汉廷大兵赶至边地，匈奴撤出塞外，汉兵也停止追击。

汉文帝在位期间，为了谋求安定和平的环境，对匈奴一直采取克制的态度。他继续执行汉初的"和亲"政策，避免大动干戈。然而匈奴虽受益于和亲政策，却不信守和亲的盟约，大规模的骚扰就有三次，小的侵袭则不计其数，不但边郡人民深受其害，而且汉王朝用于军队的耗费也很大。当时晁错上书汉文帝，分析汉朝与匈奴双方在军事上各自的短长，指出匈奴是个擅长骑射的游牧部族，他们往来转徙无常，入侵之机灵活，一旦发现守塞之卒有所减少，便随时可以入境掠杀。如果朝廷不发兵救援，边民势必绝望而降附匈奴，而发兵人数少则无济于事，即使人数多，距离远的县也是救兵刚到，匈奴人却早已逃跑了。如果在边地驻扎防守，费用开支实在太大，不在边地驻守，匈奴人随时可以打进来。这样年复一年下去，则国穷而民不得安宁。于是，晁错提出在边地建立城邑，招募内地人民迁徙边地，每个城邑移徙千户以上的居民，由官府发给

农具、衣服、粮食，直到他们能自给为止。凡接受招募迁往边地的老百姓，有罪的可免其罪，无罪的可以拜爵或者免除徭役。迁往边地的老百姓，能抵抗匈奴人的掠夺，夺回被匈奴人掠夺的财物，则由官府照价赏赐一半。这样，使远方无屯戍之苦，而塞下之民又可相保。

汉文帝采纳晁错的计策，便招募人民迁徙塞下，收到了良好的效果。不久，晁错在上《论贵粟疏》中，又提出使民以粟为赏罚的"贵粟之道"，规定凡入粟朝廷者可以拜爵，可以免罪。而入粟塞下者，也同样可以拜爵和免罪。汉文帝再次采纳晁错的意见，令民入粟于边，还根据入粟的数量，规定了拜爵的不同等级。这对于抗击匈奴的骚扰、减省运输之苦，都有一定意义。此外，文帝还在边地建立马苑三十六所，分布在北部及西部，用官奴婢三万人，养马三十万匹。在民间，同样奖励老百姓养马，以满足边防对马匹的

需求。汉文帝所采取的上述措施，尤其是
"募民实边"的办法，改变了单一轮换屯
戍的制度，既有利于对边郡的开发，又大
大加强了对匈奴的防御力量。这对景帝
继续执行休养生息政策，解决内部诸侯
王叛乱问题都起到了重要作用，也为后来
汉武帝彻底解决匈奴问题打下了基础。

　　汉文帝死后，景帝对待匈奴，仍然实
行"和亲"政策，并开放边地关市，对单
于赠送财物一如既往。随着汉朝防御力
量日益加强，匈奴对边地的军事骚扰也
有所收敛。景帝在位十六年间，匈奴入边
次数大为减少，大规模的入侵只有一次。
在公元前144年六月，匈奴入雁门，攻至武
泉，又入上郡，抢掠汉朝的宛马。汉朝官
兵奋起抗击，战死者达两千人之多。除此
之外，在汉景帝在位期间，匈奴没有更大
规模的军事骚扰，只是小规模盗边而已。
总之，文景时期在对待匈奴的军事骚扰
问题方面，并非只停留在单纯的消极退

却, 而是以积极加强防御力量为主, 从而达到避免和减少战争的目的, 为休养生息创造了和平的环境。

秦末农民起义之际, 南海郡尉赵佗乘机扩大势力, 听说秦朝灭亡, 就合并桂林、象郡, 自立为南越武王。汉初, 刘邦无力远征, 派使者立赵佗为南越王, 要他在当地和越族各部, 与汉朝通使, 不要扰乱附近各郡, 与汉胡关系和好。吕后时期, 认为南越是蛮夷, 因此禁止铁器及牛马羊供应南越, 赵佗发兵攻打长沙边邑, 自立为南越武帝，双方关系日趋紧张。吕后派大将率兵讨伐，结果因水土不服，军中疫病流行，进军南越中途受阻。一年后，吕后病死，遂告罢兵。从此，赵佗软硬兼施，先后征服闽越等地。在岭南广大地区，他也开始称制，仪制与汉朝无异。

赵佗本是真定人，虽去南海已四十九年，却不忘家乡。他听说先人坟墓已被破坏，亲族兄弟被杀，更为恼火，发书要求汉朝撤离长沙郡的驻军，放回他的亲族兄弟。为了避免战争给社会带来的严重

灾害，创造一个和平安定的社会环境，以利于社会生产的发展。对南越王称帝一事，汉文帝采取怀柔的政策。刘恒下令修复了赵佗先人的坟墓，派人慰问了他在真定的亲人，还给赵佗的亲族兄弟以尊贵地位，给予特殊的礼遇。随后，汉文帝派陆贾持诏书和礼物前往告谕赵佗，只要削去帝号，不再扰乱附近郡国，则承认他为南越王，允许他自治，与汉朝通使往来。此诏书文辞颇为诚挚，赵佗为这篇言辞恳切、情感亲和的外交文书所打动，致书谢罪，自称"蛮夷大长老夫臣佗"，表示愿意长为藩臣，奉贡职，并宣布废去帝制。于是，自陆贾回朝后，一直到汉景帝时代，南越称臣遣使入朝。虽然据说在国内仍然暗自沿用旧的称号，但是使臣入见天子时，"称王朝命如诸侯"。此政策的运用成功，避免了一场兵乱。